SYNDICAT

DES

Banquiers en Valeurs

PRÈS LA BOURSE DE PARIS

3, Rue Rossini, 3

RECUEIL

DE

CIRCULAIRES ET DÉCISIONS

parues depuis la réouverture du marché à terme.

PARIS

IMPRIMERIE ET LIBRAIRIE CENTRALES DES CHEMINS DE FER

IMPRIMERIE CHAIX

SOCIÉTÉ ANONYME AU CAPITAL DE TROIS MILLIONS

Rue Bergère, 20

1923

SYNDICAT

DES

Banquiers en Valeurs

PRÈS LA BOURSE DE PARIS

3, Rue Rossini, 3

RECUEIL

DE

CIRCULAIRES ET DÉCISIONS

parues depuis la réouverture du marché à terme.

PARIS

IMPRIMERIE ET LIBRAIRIE CENTRALES DES CHEMINS DE FER

IMPRIMERIE CHAIX

SOCIÉTÉ ANONYME AU CAPITAL DE TROIS MILLIONS

Rue Bergère, 20

1923

SOMMAIRE

SYNDICAT DES BANQUIERS EN VALEURS

PRÈS LA BOURSE DE PARIS

3, RUE ROSSINI, 3

RECUEIL DE CIRCULAIRES ET DÉCISIONS

parus depuis la réouverture du marché à terme

(1)

**RIGOUREUSEMENT
CONFIDENTIEL**

Messieurs et chers Confrères,

Au moment où le Marché à Terme va s'ouvrir, la Chambre Syndicale croit devoir vous faire connaître les conditions nouvelles dans lesquelles il fonctionnera. Ces conditions ont été établies en tenant compte des modalités imposées par le Ministre des Finances, des décisions de la Chambre Syndicale de la Compagnie des Agents de Change et enfin des résolutions que vous avez votées dans les deux Assemblées générales extraordinaires des 29 Novembre et 22 Décembre 1919.

Ces dispositions entreront en vigueur à partir du 2 Janvier 1920, jour fixé pour la réouverture partielle du Marché à Terme.

1° Couverture.

A. — La couverture est obligatoire pour toute affaire quelle qu'elle soit. Elle ne doit pas être inférieure à 20 0/0 du montant de l'opération, mais il vous est loisible de demander une couverture plus forte chaque fois que vous le jugerez utile.

La Chambre Syndicale se réserve d'ailleurs de modifier ce taux suivant les circonstances.

Cette couverture peut consister soit en espèces, soit en Bons du Trésor ou de la Défense Nationale, soit en titres cotés à Paris, calculés à 80 0/0 de leur valeur au moment de leur réception.

Elle doit toujours demeurer intacte. Si elle se trouvait absorbée vous devrez ou la faire compléter ou liquider la position suivant les articles 14, 15 et 18 du « Règlement fixant les clauses et conditions des opérations traitées par l'intermédiaire des membres de notre Syndicat ».

B. — Vous devez exiger une couverture de tous les donneurs d'ordres : Etablissements de Crédit, Agents de change, Banquiers, Clients particuliers, etc.

Cependant il vous sera possible d'accepter d'abord les ordres des Etablissements de Crédit, Agents de Change, Banquiers si la couverture vous est promise pour le lendemain à midi.

C. — Il y a cependant des exceptions au principe de la couverture obligatoire :

1° Dans le cas d'achat à prime, ou dans le cas de vente ferme contre achat de primes, ou dans le cas d'une position équivalente d'acheteur ou de vendeur en fonds d'un même pays, la couverture n'est pas obligatoire.

2° Dans le cas d'achat à prime contre vente à prime d'une même valeur la couverture n'est obligatoire que sur la partie de la vente non couverte par la prime.

Mais, bien entendu, dans tous ces cas, vous pouvez, si vous le jugez utile, exiger la couverture entière.

2° Contrôle de la couverture.

Un registre spécial pour les couvertures devra être tenu dans chaque maison. Nous allons le faire établir et nous vous le remettrons.

Il devra indiquer :

a) La date d'entrée des capitaux remis en couverture et, si la couverture est constituée par des titres : leur quantité, leur nature et leurs numéros.

b) Le montant calculé au jour du dépôt ou au dernier cours de compensation.

c) La date de sortie.

Pour permettre le contrôle des couvertures, vous devez tenir un carnet de positions. Ce carnet devra indiquer pour chaque client, le montant en capitaux de sa position et le montant de sa couverture, mais pour que le secret des opérations soit respecté, les pages du registre de couverture indiqueront seulement des numéros d'ordre. Chaque numéro d'ordre devra correspondre au nom d'un client figurant au carnet de position.

Deux membres de la Chambre Syndicale seront désignés pour faire toutes vérifications utiles.

Le versement des taxes opéré à la Chambre Syndicale le 20 de chaque mois, devra être divisé ainsi :

Achats et ventes à terme ;

Reports acheteurs ;

Emploi de fonds et reports vendeurs.

3° Liquidation.

Il n'y aura qu'une liquidation à la fin de chaque mois.

4° Contrôle des positions.

Après chaque liquidation, au plus tard le jour des débiteurs, l'un des Gérants de chaque maison devra remettre au Président un relevé qu'il certifiera conforme, indiquant le montant global des positions en capital.

Tous les trois mois, c'est-à-dire après la liquidation des 31 Mars, 30 Juin, 30 Septembre et 31 Décembre, il devra remettre un relevé par catégories de valeurs.

5° Règlement fixant les clauses et conditions des opérations traitées par l'intermédiaire des maisons du Syndicat.

Toutes les affaires nouvelles seront traitées conformément à la codification que nous avons établie et que nous allons vous distribuer sans retard pour qu'elle puisse être appliquée à partir du 2 Janvier 1920. Cette codification est la loi entre vous et vos clients. Vous lui donnerez toute la publicité possible et vous devrez toujours en avoir un exemplaire à la disposition de vos clients. Vos lettres d'avis devront être conformes au modèle dont vous trouverez le texte à la dernière page de cette codification.

6° Courtages.

Le tarif des courtages est établi suivant modèle inclus.

Le par contre pourra être consenti pour les opérations en sens contraire faites dans la même Bourse par les Banquiers, Etablissements de Crédit, Agents de Change, Professionnels.

Les clients particuliers n'ont droit au franco que sur les opérations en sens contraire faites dans la même Bourse sur la même valeur.

******

Il n'y a pas de franco sur les reports : le courtage doit être pris des deux côtés sans exception.

7° Remises.

Les remises sont de 40 0/0 aux Banquiers, Etablissements de Crédit, Agents de Change, professionnels, Remisiers amenant un client à courtage plein, et de 20 0/0 au Remisier sur toutes opérations donnant déjà lieu à remise.

Même remise sur les reports.

8° Situation des donneurs d'ordre.

Français domiciliés en France. — Peuvent faire toutes opérations à terme, sous condition, en cas de vente, de ne livrer que les titres qu'ils possédaient avant le 1er Août 1914 ou qu'ils ont achetés ou souscrits en France depuis cette date.

Etrangers domiciliés en France.. — Mêmes règles que ci-dessus, mais avec réserve que les ventes doivent toujours comporter la livraison des titres en liquidation. La vente à découvert est, en conséquence, interdite.

Français ou étrangers domiciliés hors de France. — Mêmes dispositions que pour les Etrangers domiciliés en France, avec cette différence toutefois que les capitaux provenant des ventes devront obligatoirement être employés en Rentes françaises, lesdites Rentes devront être conservées en France jusqu'à ce que les dispositions de la loi du 3 Avril 1918 aient été abrogées.

Cette obligation n'existe pas pour les titres qui auraient été achetés ou souscrits en France depuis le 1er Août 1914.

Sujets de nations ayant été en guerre avec la France. — Ne peuvent acheter ni vendre à terme, pour quelque motif que ce soit.

Dispositions générales. — L'exportation des capitaux provenant des ventes à terme est interdite aussi bien aux Français qu'aux étrangers.

9° Positions moratoriées.

Pour toutes les affaires moratoriées, un nouveau cours de compensation sera établi sur les cours pratiqués le 31 Décembre 1919 et de nouveaux comptes de liquidation seront établi s sur ce cours.

Les affaires se règleront ensuite dans la même liquidation que les affaires nouvelles.

Elles feront l'objet d'un compte de liquidation spécial.

Elles sont dispensées de l'obligation de la couverture et elles restent soumises à l'ancien tarif de courtage, ainsi qu'à l'ancien tarif de remises qui avait toujours été appliqué.

Il est entendu qu'un client qui, en plus d'une position moratoriée, voudrait prendre une position nouvelle, serait pour cette position nouvelle soumis à toutes les règles ci-dessus exposées, y compris la couverture préalable.

Veuillez agréer, etc.

La Chambre Syndicale.

---

(2)

Paris, le 29 Décembre 1920.
N° 1593.

AVIS

La réouverture partielle du Marché à terme se fera le vendredi 2 Janvier 1920.

Les négociations à terme porteront exclusivement sur les valeurs suivantes :

Brésil 5 0/0 Funding Bonds 1914 (au change fixe de 25,20).
Bakou (Société du Naphte de).
Camp Bird, Limited, ordinaires.
Caoutchoucs (Société Financière des).
Cape Copper Cy, Limited, ordinaires.
Chartered (British South Africa Company).
Corocoro United Copper Mines, Limited.
Crown Mines, Limited.
De Beers Consolidated Mines, Limited, ordinaires.
De Beers Consolidated Mines, Limited, préférence.
De Diétrich et Cie, de Lunéville (Société Lorraine des anciens Établissements) (libérées).
Eastern International Rubber and Produce Trust, Limited (libérées).
East Rand Proprietary Mines, Limited.

Gold Fields of South Africa, Limited (Consolidated).
Huanchaca de Bolivia (Compania de).
Jagersfontein Mining and Exploration Cy, Ld (New).
Lena Goldfields, Limited.
Lianosoff fils (Société de production de Naphte G. M.).
Malacca Rubber Plantations, Limited, ordinaires.
Mexican Eagle Oil Cy, Limited, ordinaires.
Mexico Mines of El Oro, Limited.
Montecatini (Société Anonyme des Mines de).
Mount Elliott, Limited.
Mozambique (Compagnie de).
North Caucasian Oil Fields, Limited, ordinaires.
Padang (Compagnie des Caoutchoucs de) (Côte Est de Sumatra).
Phosphates Tunisiens (Société des).
Platine (Compagnie Industrielle du).
Rand Mines, Limited.
Shansi (Pekin Syndicate, Limited).
Spassky Copper Mines, Limited.
Tanganyika Concessions, Limited.
Tharsis Sulfur and Copper Cy, Limited.
Tobacco (Oriental Tobacco Trading Cy, Limited).
Transvaal Consolidated Land and Exploration Cy, Limited.
Utah Copper Company (Certificats Bankers Trust).

La liquidation des opérations à terme se fera une fois par mois.

Aucune affaire à terme ne devra être exécutée qu'après dépôt par le donneur d'ordres d'une couverture préalable représentant une valeur égale à 20 0/0 (au minimum) du montant de l'opération à exécuter.

La couverture minima obligatoire de 20 0/0 devra être versée, soit en espèces, soit en Bons de la Défense ou du Trésor, soit en titres de bonne catégorie, cotés à Paris. Dans ce dernier cas, les titres seront calculés à raison de 80 0/0 de leur valeur du moment.

La couverture minima devra être complétée à ce taux, s'il y a lieu, à chaque liquidation

(3)

CONFIDENTIELLE

Paris, le 8 Janvier 1920.
N° 1599.

Messieurs et chers Confrères,

J'ai l'honneur de vous informer que je viens de recevoir de M. le Syndic de la Compagnie des Agents de Change la lettre ci-dessous, dont vous voudrez bien prendre note.

Veuillez agréer, etc.

Le Président :
P. PAUREAU.

« Monsieur P. PAUREAU,
» Président du Syndicat des Banquiers en Valeurs.

» Paris, le 7 Janvier 1920.

» Monsieur,

» La Chambre Syndicale a pris connaissance de votre lettre du
» 5 courant, par laquelle vous demandez, pour les Maisons de votre
» Syndicat, la faculté de déposer dans ses Caisses une couverture
» globale de garantie des opérations à terme confiées par elles aux
» Agents de Change.

» J'ai le plaisir de vous informer que la Chambre Syndicale a
» décidé de leur accorder cette autorisation dans les conditions ci-
» après :

» Chaque maison qui désirera bénéficier de la faculté de déposer
» une couverture globale devra remettre à la Chambre Syndicale,
» soit 200.000 francs en espèces ou en Bons de la Défense nationale
» soit 250.000 francs en titres de bonne catégorie.

» Les titres qui seront ainsi déposés ne donneront lieu à aucune
» manipulation de la part de la Chambre Syndicale; ils seront
» vérifiés par elle au moment du dépôt et remis dans une enveloppe
» d'où ils ne seront extraits que pour être vérifiés de nouveau au
» moment du retrait par le déposant.

» D'autre part, chaque maison de banque devra, au moment où
» elle effectuera le dépôt prévu, s'engager par écrit, vis-à-vis de la
» Chambre Syndicale, de toujours maintenir le rapport qui doit
» exister entre la couverture et l'importance des engagements,

» Il est bien entendu que la couverture de 200.000 ou de 250.000
» francs actuellement prévue, correspond à une position d'un mil-
» lion de francs au maximum.

» J'ajoute que la Chambre Syndicale notifiera aux Agents de
» Change le nom des maisons de banque qui auront usé de la faculté
» qui leur est accordée de déposer une couverture globale.

» Veuillez m'accuser réception de la présente en me confirmant
» que nous sommes bien d'accord, et agréer etc.

Le Syndic de la Compagnie des Agents de Change
de Paris :
P. DESEILLIGNY.

(4)

Paris, le 15 Janvier 1920.
N° 1608.

MESSIEURS ET CHERS CONFRÈRES,

A la suite des réclamations qu'elle a reçues au sujet d'opérations traitées sur notre Marché à terme par des personnes non
qualifiées, la Chambre Syndicale a pris les décisions suivantes :

1° Les noms des employés autorisés à être présents sur le *Marché à terme,* titulaires et remplaçants éventuels devront être don-
nés à la Chambre Syndicale, et ce, aussitôt réception de la présente
circulaire ;

2° Il est interdit de traiter dans le groupe avec les Maisons qui
ne font pas partie du Syndicat ou de recevoir d'elles le nom d'une
maison du Syndicat des Banquiers en Valeurs ; ces infractions
seront frappées d'amende ;

3° Tout carnet qui se trouverait entre les mains d'une personne
ne faisant pas partie d'une maison du Syndicat exposerait la maison à qui appartient ce carnet prêté à une forte amende ;

4° Les commis, auteurs des infractions ci-dessus, seront mis à
pied pour une durée à fixer par la Chambre Syndicale.

Vous voudrez bien tenir la main à ce que ces prescriptions
soient rigoureusement observées dans votre maison.

Veuillez agréer, etc.

La Chambre Syndicale.

(5)

Paris, le 12 Décembre 1922.

MESSIEURS ET CHERS CONFRÈRES,

Nous avons l'honneur de vous donner ci-dessous copie de la lettre que M. le Ministre des Finances a envoyée à M. le Syndic des Agents de Change au sujet de la possibilité d'exporter les capitaux provenant de la vente de titres achetés ou souscrits antérieurement au 1er Août 1914 par des habitants des pays alliés ou neutres :

MINISTÈRE DES FINANCES   *Paris, le 9 Novembre 1922.*

—

DIRECTION
DU
MOUVEMENT GÉNÉRAL DES FONDS
N° 73.990

» *Monsieur le Syndic,*

» *Par lettres des 13 et 20 Octobre 1922, vous avez bien voulu*
» *me faire tenir, pour information, un exemplaire n° 12.013, du*
» *20 Octobre, notifiant aux Agents de Change la décision ministé-*
» *rielle du 12 Septembre 1922, aux termes de laquelle les Français,*
» *Alliés ou Neutres, résidant à l'étranger, pourraient désormais*
» *vendre sur le Marché de Paris les titres leur appartenant*
» *antérieurement au 1er Août 1914, sans être astreints à remployer*
» *le produit de la négociation en valeurs cotées à Paris et bloquées*
» *dans une Banque jusqu'à l'expiration de la loi du 3 Avril 1918,*
» *et vous voulez bien me demander diverses précisions sur la*
» *portée de cette décision et sur les conditions dans lesquelles peut*
» *être transféré à l'étranger le produit de la vente de ces titres.*
» *J'ai l'honneur de vous faire connaître que la suppression de*
» *l'obligation de remploi et du bloquage, qui en était la consé-*
» *quence, s'étend aux titres précédemment acquis en remploi, par*
» *suite de la réglementation jusqu'ici en vigueur. Ces titres se*
» *trouvent donc débloqués par la décision même du 12 Septembre*
» *1922.*
» *En ce qui concerne les fonds provenant de ventes de titres*
» *pour le compte d'étrangers, l'exportation peut en être effectuée*
» *sans autorisation, en vertu de l'article 4, paragraphe 1er de la*
» *Loi du 3 Avril 1918, qui excepte des prohibitions édictées par*

» *l'Article Ier les fonds et titres que les particuliers et les Sociétés,*
» *résidant ou fonctionnant hors de France, ont ou pourront avoir*
» *en France. Toutefois, ces transferts ne peuvent être effectués que*
» *par l'intermédiaire d'une banque tenant le répertoire des opéra-*
» *tions de change, qui doit mentionner le transfert sur ledit réper-*
» *toire.*

» *Veuillez, etc...*

» *Ch. de LASTEYRIE* ».

Veuillez agréer, etc.

<table>
<tr><td>Pour la Chambre Syndicale
des Banquiers en Valeurs au Comptant,</td><td>Pour la Chambre Syndicale
des Banquiers en Valeurs,</td></tr>
<tr><td>*Le Président :*
Edmond LYON.</td><td>*Le Président :*
P. PAUREAU.</td></tr>
</table>

N. B. — En conséquence, la Circulaire n° 1992, envoyée le 29 Novembre dernier aux Maisons du Syndicat des Banquiers en Valeurs, se trouve purement et simplement annulée.

---

(6)

INSTRUCTIONS

POUR

MM. les Commis chargés de la LIQUIDATION

Les Liquidateurs doivent :

1° Apposer la griffe de leur Maison, **distinctement**, sur toutes les pages, au milieu, en haut et en bas, de la Feuille de Titres et sur celle des Capitaux, **avant d'aller au pointage;**

Inscrire dans l'angle, en haut, à droite et à gauche, **au crayon bleu**, le numéro de la feuille correspondant au nom de la Maison;

2° Mettre très lisiblement par ordre alphabétique, en haut et au bas de la page blanche réservée (dernière page) de la feuille de Titres, **le nom des Valeurs** ne figurant pas sur les autres pages;

3° Ne jamais effacer, **sous aucun prétexte**, les Numéros d'ordre imprimés en regard des noms sur les Feuilles de Capitaux et Titres, ni tracer des lignes sur les pages ou dans les colonnes ne contenant aucun chiffre;

4° Faire des chiffres réguliers et aussi lisibles que possible, à **l'encre noire**, et ne jamais pointer au crayon de couleur : seul le crayon noir est permis.

Les Employés chargés du Pointage doivent :

5° Être présents à **huit heures** précises du matin dans la salle du *Petit Journal*. Une feuille de présence constatera l'heure de leur arrivée; ils signeront lisiblement leurs noms en regard de la feuille qu'ils pointent;

6° Ne pas quitter la Salle sans s'être bien mis d'accord entre eux sur les soldes **(Titres, Capitaux et Taxes)**. Après pointage, **aucun changement** ne pourra être fait sur les feuilles à l'insu de la contre-partie. Tout changement sera porté sur une fiche, chaque fiche ne comportant qu'une seule valeur;

7° La Feuille des Capitaux sera remplie à **l'encre noire** et très lisiblement;

8° Les feuilles additionnées et soldées avec soin seront remises soit à la sortie, au représentant du Syndicat, soit avant **midi, 3, rue Rossini.**

N. B. — L'infraction à ces prescriptions : **retard** dans l'arrivée au pointage, **retard** dans la remise des feuilles, ainsi que les **erreurs** signalées par la Liquidation Centrale, donneront lieu, suivant leur importance, à des **amendes**.

La Chambre Syndicale.

Paris, le 14 Janvier 1920.

---

(7)

INSTRUCTIONS
pour **MM.** les Caissiers
concernant le Règlement de la liquidation mensuelle

1° Le versement de garantie, effectué chaque mois, est remboursé aux Maisons, aussitôt après l'établissement de la balance des capitaux, par compensation ou fusion avec les soldes débiteurs et créditeurs.

***

2° Les soldes restant débiteurs, après la compensation du versement de garantie, devront être versés, **3, rue Rossini**, en un virement jaune, la **veille du jour des Règlements, avant 11 heures.**

3° **Le jour des Règlements :**

Les caisses devront être ouvertes de 8 heures à 13 heures.

Les livraisons de titres se feront : 5, rue du Helder, de 8 heures à 9 heures (les livraisons **partielles** ne pouvant se faire que le jour des Règlements et **directement aux Maisons). Toutes les livraisons se règleront, jusqu'à midi, en bons de comptabilité (rouges) ; à partir de midi, elles se feront entre les Maisons en virement sur la Banque de France, et ne devront pas figurer sur la feuille des Règlements.

Tous les bons de comptabilité (rouges) délivrés par la même Maison **devront être réunis sur une fiche** et le total sera porté sur la feuille des Règlements.

La remise des feuilles des Règlements et des bons de comptabilité devra être faite **avant 13 heures,** 5, rue du Helder, accompagnée d'un virement jaune, **pour les débiteurs.**

La Chambre Syndicale fera parvenir les soldes créditeurs en liquidation, en un bon de comptabilité (jaune) **qui devra être porté** sur la feuille des Règlements.

Les soldes créditeurs, à la feuille des Règlements, seront versés **directement** à la Banque de France par les soins de la Chambre Syndicale.

N. B. — L'exactitude étant indispensable à la bonne fin des Règlements, la Chambre Syndicale frappera d'amende les Maisons dont le Bordereau sera erroné ou déposé en retard.

La Chambre Syndicale.

Paris, le 25 Mai 1920.

MEMENTO. — La taxe sur opérations se règle le **lendemain** du jour des Règlements de la liquidation.

La taxe sur impôts (25 0/0) se règle le 20 de chaque mois (pour la liquidation échue).

Les engagements sont délivrés par quantité minimum de 1.000 exemplaires (au prix de 50 francs le mille, en un virement jaune sur la Banque de France voir circulaires 1904 et 1907, n° 19).

N. B. — Toutes les sommes à verser au Syndicat des Banquiers en Valeurs, 3, rue Rossini, doivent faire l'objet d'un virement spécial et ne pourront en aucun cas être fusionnées sur un seul virement.

(7ᴮᴵˢ)

ANNEXE AUX INSTRUCTIONS

POUR

MM. les Caissiers concernant le Règlement
de la liquidation mensuelle

Toute Maison qui a :

1° Reçu des titres, d'une autre Maison du Syndicat et lui a remis en échange des Bons (rouges) de comptabilité, doit en porter le total sur la feuille des Règlements, dans la colonne **Dépenses**. (A droite du nom).

2° Livré des titres, contre des bons (rouges) de comptabilité, doit d'abord classer par ordre alphabétique, réunir et additionner sur **une fiche** tous les bons de la même Maison **et les épingler** ; le total de tous ces bons reçus doit être porté dans la colonne **Recettes**. (A gauche du nom).

N. B. — En aucun cas, il ne faut compenser les Dépenses et les Recettes, d'une même Maison pour ne faire qu'un solde.

Il faut un total aux **Dépenses** et un total aux **Recettes** : c'est absolument nécessaire pour faciliter le pointage en cas d'erreurs dans la balance.

---

(8)

Paris, le 17 Mars 1920.
N° *1643.*

MESSIEURS ET CHERS CONFRÈRES,

A la suite de ces cinq années de guerre, le personnel de nos Maisons avait été profondément désorganisé et au moment de la réouverture partielle du Marché à Terme, la Chambre Syndicale avait cru devoir user d'une large tolérance pour permettre aux Maisons de le reconstituer.

Les deux dernières liquidations ont démontré la nécessité de revenir aux anciens usages et d'exiger que les feuilles, titres et capitaux déposées à la liquidation centrale le soient dans des conditions normales.

Il ne faut pas perdre de vue que le fonctionnement de la liquidation centrale a été établi en vue du règlement définitif des opérations entre les Maisons et non pour la recherche de leurs erreurs.

En conséquence, vous êtes priés de n'envoyer au pointage que des commis capables de s'acquitter consciencieusement de ce travail et pouvant corriger de suite les feuilles, titres et capitaux.

Lorsqu'au pointage, il sera relevé une différence sur laquelle l'accord n'aura pu se faire immédiatement, celui qui a le chiffre le plus élevé ne devra pas le maintenir, il inscrira le chiffre de sa contre-partie et la différence se règlera hors feuilles.

A l'avenir les Maisons dont les feuilles contiendront des erreurs seront frappées d'amendes.

Veuillez agréer, etc.

La Chambre Syndicale.

---

(9)

Paris, le 22 Novembre 1922.
N° 1985.

AVIS

La Chambre Syndicale rappelle qu'il est établi à la Liquidation centrale, 3, rue Rossini, une feuille destinée à recevoir l'inscription des erreurs de balance, afin de faciliter la recherche des différences entre Maisons : dans l'intérêt de tous, la Chambre Syndicale vous demande de veiller à la stricte observation de cette circulaire.

La Chambre Syndicale.

---

(10)

Paris, le 23 Avril 1920.
N° 1670.

AVIS

Il est rappelé aux Maisons que les livraisons, en liquidation, ne peuvent se faire, rue du Helder, que pour la totalité.

Les livraisons partielles devront se faire à domicile.

La Chambre Syndicale.

(10 BIS)

Paris, le 10 Janvier 1923.
N° 2002.

AVIS

Les livraisons doivent toujours se faire par groupes de 25 titres, faute de quoi la livraison peut être refusée. Ainsi, une livraison de 200 titres devra être divisée en 8 paquets de 25 titres.

La Chambre Syndicale.

(11)

Paris, le 5 Octobre 1922.
N° *1966.*

AVIS

Il est rappelé qu'après un désabonnement, l'acheteur d'actions **abonnées** ne pourra en aucun cas refuser la livraison en titres régulièrement timbrés.

La Chambre Syndicale.

---

(12)

Paris, le 9 Août 1922.
N° *1955.*

MESSIEURS ET CHERS CONFRÈRES,

Nous avons l'honneur de vous informer que, dans sa dernière réunion, la Chambre Syndicale a pris la décision suivante :

Désormais, les titres de Sociétés Françaises devront, s'il y a lieu, être revêtus de l'estampille d'augmentation de capital, faute de quoi ils pourront être refusés dans les livraisons en liquidation.

Afin d'éviter toutes difficultés pour les titres que les reporteurs livreront en liquidation, nous vous prions de vous mettre, au plus tôt, d'accord avec eux pour régulariser ces titres.

Coupons et Feuilles de Coupons.

La Chambre Syndicale rappelle que les coupons et les feuilles de coupons doivent être collés au titre, faute de quoi, les acheteurs pourront les refuser en liquidation.

Veuillez agréer, etc....

La Chambre Syndicale.

---

(13)

Paris, le 2 Août 1922.
N° *1953* bis.

MESSIEURS ET CHERS CONFRÈRES,

Nous avons l'honneur de vous informer que les Chambres Syndicales des Banquiers en Valeurs et des Banquiers en Valeurs au Comptant ont décidé, dans leur réunion de ce jour, de compléter ainsi que suit, **à partir du 3 Août courant**, les prescriptions de leurs circulaires des 13 Juillet 1920 et 22 Novembre 1921, concernant le règlement des coupons soumis aux fluctuations des changes, et que la présente annule.

1° Pour les négociations faites avec le coupon attaché et lorsque la livraison est faite **sans le coupon**, l'acheteur est en droit d'exiger le paiement du coupon **brut** en espèces, **sans aucune retenue**, au plus haut cours moyen du change coté depuis et y compris la date du détachement du coupon jusqu'à la veille de celle de la livraison;

2° Pour les négociations de titres sur lesquels un coupon a été détaché entre la date de négociation et celle de la livraison, si celle-ci est faite **coupon attaché** après les délais réglementaires (10 bourses), **l'acheteur sera tenu de prendre livraison**, mais aura le droit de réclamer éventuellement à son vendeur une indemnité.

Cette indemnité sera égale à la différence qui pourrait résulter à son profit, entre le montant brut du coupon calculé au plus haut cours moyen du change coté depuis et y compris la date d'expiration des délais réglementaires de livraison (10 bourses) et le montant brut de ce coupon calculé au cours de la veille de la livraison. **La demande d'indemnité devra être formulée dans les cinq bourses qui suivront la livraison des titres.**

N.-B. — *Dans tous les cas, que la livraison soit faite ou non dans les délais réglementaires, l'acheteur est en droit de refuser un coupon de même nature d'un numéro différent de celui des titres livrés.*

Veuillez agréer, etc...,

<table>
<tr><td>Pour la Chambre Syndicale
des Banquiers en Valeurs au Comptant :

Le Président,
Edmond LYON.</td><td>Pour la Chambre Syndicale
des Banquiers en Valeurs :

Le Président,
P. PAUREAU.</td></tr>
</table>

(14)

Paris, le 19 Mai 1920.
N° 1680.

LIVRAISONS DE TITRES

La Chambre Syndicale décide que les feuilles de coupons doivent toujours être collées aux titres et que vous avez le droit de refuser toute livraison de titres dont la feuille de coupons ne serait pas collée.

Veuillez agréer, etc....

Le Président,
P. PAUREAU.

---

(15)

Paris, le 12 Décembre 1922.
N° 1995.

Messieurs et chers Confrères,

La Chambre Syndicale a l'honneur de vous informer qu'à la suite d'une entente avec la Compagnie des Agents de Change, nous tiendrons à votre disposition chaque jour de liquidation, et pour la première fois le **Vendredi 15 Décembre**, un exemplaire dactylographié des cours de compensation et de reports des valeurs du Parquet.

Vous pourrez faire prendre à notre Chambre Syndicale, à la Bourse, un exemplaire dactylographié des cours de compensation à 2 h. 1/2 et un exemplaire dactylographié des cours de reports à 3 heures.

Veuillez agréer, etc.

La Chambre Syndicale.

N. B. — Les Maisons devront s'assurer de la concordance des cours avec la cote qui seule fera foi.

(16)

**STRICTEMENT
CONFIDENTIELLE**

Paris, le 10 Avril 1922.

MESSIEURS ET CHERS CONFRÈRES,

Des actes d'une extrême gravité, commis par des employés à l'aide d'engagements frauduleux, viennent de nous être signalés par les Maisons qui en ont été victimes.

Vos Chambres Syndicales, après un examen minutieux, ont arrêté les prescriptions que nous vous remettons en annexe de la présente.

Cette nouvelle réglementation entrera en vigueur le **Lundi 24 Avril courant,** et vos Chambres Syndicales ont décidé l'application d'amendes importantes aux Maisons qui ne s'y conformeraient pas strictement.

En outre, dans votre intérêt personnel, elles croient devoir vous adresser, à titre absolument confidentiel, les recommandations suivantes :

Engagements ordinaires.

Tous les engagements que vous possédez actuellement devront être rendus aux Chambres Syndicales qui vous en feront gratuitement l'échange contre des engagements portant votre nom imprimé.

Lorsque vous aurez besoin de nouveaux engagements, vous voudrez bien prévenir vos Chambres Syndicales, trois ou quatre jours d'avance, afin de leur permettre de faire faire les impressions nécessaires.

Engagements rectificatifs.

Il vous est tout spécialement recommandé de tenir sous clef les engagements rectificatifs prescrits à l'article 4 du Règlement ci-joint. Chez vous, ces engagements ne devront être délivrés que revêtus d'un numéro d'ordre et seulement par une personne responsable qui contrôlera les motifs de leur remise.

Timbre spécial.

Le timbre spécial, prescrit par l'article 8 du Règlement qui vous sera remis par vos Chambres Syndicales, devra être enfermé immédiatement après le timbrage des engagements.

Ce timbrage devra avoir lieu sous la surveillance d'un chef de service, lorsque les engagements seront au complet et classés.

Immédiatement après leur timbrage, les engagements devront être mis *sous enveloppe cachetée*, comme le prescrit l'article 5 du Règlement, et portés au Changeur, sans délai.

Contrôle des erreurs et pointage.

Dans votre propre intérêt, et dans celui de tous vos Confrères, vous devrez veiller d'une façon spéciale à ce que l'enveloppe cachetée contenant les erreurs (enveloppe qui vous sera retournée par le Changeur) soit ouverte uniquement par vous-même, par un fondé de pouvoirs ou un employé spécialement désigné à cet effet.

L'employé qui établit les engagements ne devra jamais être celui qui les pointe au retour.

Poinçonnage.

Le poinçonnage des engagements variera aussi souvent que possible, sans règles fixes, et d'après les indications qui seront fournies au Changeur par les Chambres Syndicales.

Changeur.

Le Changeur relèvera sur un registre *ad hoc* le numéro du poinçon dont il se sera servi journellement.

Il devra refuser aux Maisons tout engagement qui ne lui serait pas remis conformément aux prescriptions énoncées dans le Règlement ci-joint.

Veuillez agréer, etc.

N. B. — Le registre du Changeur portant le numéro du poinçon des engagements, ainsi que les cahiers à souche indiquant le relevé des erreurs, seront conservés par les soins des Chambres Syndicales **au moins pendant deux ans** à la disposition des Maisons.

<table>
<tr><td>Pour la Chambre Syndicale
des Banquiers en Valeurs au Comptant :</td><td>Pour la Chambre Syndicale
des Banquiers en Valeurs :</td></tr>
<tr><td>*Le Président,*
Edmond LYON.</td><td>*Le Président,*
P. PAUREAU.</td></tr>
</table>

(17)

Paris, le 10 Avril 1922.

RÈGLEMENT RELATIF
AUX ENGAGEMENTS

ARTICLE PREMIER. — Tous les engagements doivent être poinçonnés par le Changeur.

ART. 2. — Aucun engagement ne devra être échangé en Bourse.

ART. 3. — En cas d'erreurs constatées au pointage des engagements, les Maisons intéressées devront se mettre d'accord par échange de fiches, qui n'auront d'ailleurs de valeur qu'à l'appui d'une discussion éventuelle et ne pourront jamais remplacer les engagements.

ART. 4. — Tout engagement **rectificatif** devra être établi le lendemain du jour où l'opération a été faite.

Cet engagement sera de **couleur différente** des engagements habituels et devra porter la date de la négociation ainsi que celle du jour de son émission.

Il devra être remis le soir même au Changeur, avec les engagements de la journée, pour être poinçonné.

ART. 5. — Les engagements, après avoir été régulièrement collationnés et timbrés comme prescrit à l'article 8, devront être remis **sous enveloppe cachetée** au Changeur qui, dans aucun cas, ne pourra accepter d'engagements en dehors de la dite enveloppe.

Exceptionnellement, il pourra être remis au Changeur un supplément d'engagements, mais également **sous enveloppe cachetée** et qui devra, dans ce cas, porter une mention manuscrite et signée d'un Chef de la Maison ou d'un Fondé de pouvoirs.

Cette enveloppe supplémentaire sera conservée par le Changeur et renvoyée par lui le lendemain à la Maison intéressée dans l'enveloppe cachetée des erreurs prévue à l'article suivant.

ART. 6. — Les engagements des Confrères seront retournés aux Maisons dans la pochette dont on s'est servi jusqu'à présent.

Dans la pochette devra être jointe **une enveloppe cachetée,** au nom de la Maison, contenant le relevé de toutes les erreurs sur une feuille établie par le Changeur et extraite d'un cahier à souche avec duplicata en bleu.

Il devra être établi une feuille pour le Terme et une pour le Comptant.

Lorsqu'il n'y aura pas d'erreur à signaler, cette feuille devra néanmoins être adressée à la Maison de la même façon que ci-dessus, mais avec la mention **Néant**.

Art. 7. — Il devra être procédé à un examen approfondi des erreurs signalées et la feuille des erreurs être rendue aux Chefs de Maison, avec une mention explicative pour chacune d'elles.

Ces feuilles d'erreurs ainsi annotées devront être soigneusement conservées par les Maisons, au moins pendant **deux ans**, afin de pouvoir être présentées à toute réquisition des Chambres Syndicales, s'il y a lieu.

Art. 8. — Il sera remis à chaque Maison, par les soins des Chambres Syndicales du Terme et du Comptant, un **timbre à date** d'un modèle spécial qui, **seul**, devra servir au timbrage des engagements.

Ce timbre devra être apposé d'une façon très lisible.

Tout engagement non rigoureusement conforme aux présentes prescriptions ne devra pas être accepté par le Changeur et sera retourné à la Maison intéressée dans l'enveloppe contenant la feuille d'erreurs.

Les engagements remis aux Maisons par les Chambres Syndicales porteront leur nom imprimé.

Pour la Chambre Syndicale
des Banquiers en Valeurs au Comptant ;

Le Président,
Edmond **LYON**.

Pour la Chambre Syndicale
des Banquiers en Valeurs :

Le Président,
P. **PAUREAU**,

(18)

Paris, le 27 Avril 1922.
N° 1908.

AVIS
Engagements relatifs aux Reports.

Afin de permettre aux Maisons d'avoir le temps matériel d'établir ces engagements et d'y inscrire les numéros du Répertoire, la Chambre Syndicale a décidé que :

Les engagements relatifs aux Reports seront remis au Changeur sous une enveloppe fermée portant l'inscription « *Engagements de Reports* », *au plus tard*, le soir de la troisième Bourse après la Liquidation, c'est-à-dire, *le jour du règlement des débiteurs.*

La Chambre Syndicale.

---

(19)

Paris, le 27 Avril 1922.
N° 1907.

MESSIEURS ET CHERS CONFRÈRES,

Nous vous prions de bien vouloir nous indiquer *au moins cinq jours à l'avance* (vu le temps qu'exige l'impression des raisons sociales), les quantités d'engagements qui vous sont nécessaires.

Les demandes d'engagements doivent porter une signature autorisée et le montant être réglé en faisant la commande.

Les engagements **rectificatifs** sont tenus également à la disposition des Maisons par paquets de 100, au prix de 5 francs le cent.

La Chambre Syndicale.

---

(20)

Paris, le 4 Mai 1922.
N° 1911.

AVIS
Primes pour le Lendemain.

Des erreurs onéreuses provenant du fait que des engagements n'auraient pas été échangés pour des opérations à primes à l'échéance du lendemain, la Chambre Syndicale a décidé qu'à l'avenir :

1° Un premier engagement devra être établi le jour où l'opération aura été traitée ;

2° Un second engagement indiquant si la prime a été levée ou abandonnée devra être échangé le lendemain de la réponse ; **en cas d'abandon**, l'engagement devra porter le montant du débit ou du crédit.

La Chambre Syndicale.

---

(21)

Paris, le 4 Mai 1922.
N° 1910.

Messieurs et chers Confrères,

La Chambre Syndicale a l'honneur de vous informer qu'elle s'est vue dans l'obligation d'infliger une amende à l'un de nos Confrères pour avoir remis, en retard, la pochette contenant ses engagements.

Eu égard aux nombreux inconvénients que de telles négligences entraînent pour les contre-parties intéressées, il vous est rappelé que toute infraction de cette nature sera suivie d'une sanction.

Veuillez agréer, etc.

La Chambre Syndicale.

---

(22)

Paris, le 16 Mai 1922.

AVIS

Comme suite à la circulaire du 10 Avril dernier et au Règlement relatif aux engagements, il reste bien entendu qu'un engagement rejeté une première fois par le Changeur ne peut, en **aucun cas**, lui être retourné, mais qu'il doit faire l'objet d'un engagement rectificatif.

Pour la Chambre Syndicale des Banquiers en Valeurs au Comptant,	Pour la Chambre Syndicale des Banquiers en Valeurs,
Le Président : Edmond **LYON.**	*Le Président :* P. **PAUREAU.**

(23)

ENGAGEMENTS

Paris, le 7 Décembre 1922.

MESSIEURS ET CHERS CONFRÈRES,

Comme suite à nos circulaires des 10 Avril et 16 Mai 1922, nous avons l'honneur de vous informer que vos Chambres Syndicales ont apporté les modifications suivantes au fonctionnement actuel des engagements.

1º D'ici un certain temps et dès que le stock actuel sera épuisé, des engagements rectificatifs seront créés de couleurs différentes pour l'achat et la vente, comme cela existe pour les engagements ordinaires;

2º Dans le but de faciliter à l'ouverture de la séance le travail des employés, à partir du 1er Janvier 1923, la réforme suivante est apportée au fonctionnement actuel :

Pour toutes les affaires qui ne sont pas d'accord et pour lesquelles les engagements n'ont pas été échangés par le Changeur et par conséquent n'ont pas été poinçonnés, les commis pourront, au lieu de remettre des fiches, comme cela est fait actuellement, remettre, à titre provisoire, l'engagement irrégulier et corrigé à la main, mais ils auront soin, pour éviter toutes confusions, de déchirer le coin gauche dudit engagement.

Cet engagement irrégulier, qui n'aura d'ailleurs, par la suite, de valeur qu'à l'appui d'une discussion éventuelle, devra, le soir même, comme cela se fait actuellement, être remplacé par un engagement rectificatif passant par la pochette et qui devra être poinçonné.

Veuillez agréer, etc.

<table>
<tr><td>Pour la Chambre Syndicale
des Banquiers en Valeurs au Comptant,
Le Président :
EDMOND LYON.</td><td>Pour la Chambre Syndicale
des Banquiers en Valeurs,
Le Président :
P. PAUREAU.</td></tr>
</table>

(24)

Paris, le 23 Juillet 1920.
N° 1708 bis.

MESSIEURS ET CHERS CONFRÈRES,

A la suite de la loi du 25 juin 1920, portant création de nouvelles ressources fiscales, votre Chambre syndicale, dans le but de faciliter vos recherches, et à titre documentaire, a relevé les charges et obligations frappant plus particulièrement notre corporation.

C'est le travail qu'elle vous communique aujourd'hui.

Les chiffres mis entre parenthèses sont les articles de la loi du 25 Juin 1920, auxquels vous pourrez vous reporter.

Bénéfices commerciaux.

Vous devez, chaque année, avant le 1er Avril, déclarer votre bénéfice commercial, c'est-à-dire adresser au Contrôleur un résumé de votre compte de profits et pertes. Pour le calcul de la taxe, la fraction jusqu'à 1.500 francs est comptée pour 1/4; la fraction de 1.500 à 5.000 francs est comptée pour moitié et le surplus pour la totalité.

Le taux est de 8 0/0 (art. 1er de la loi).

Traitements, émoluments, salaires.

Le taux en est porté à 6 0/0. Toutefois la portion au-dessous de 6.000 francs est exonérée et la portion comprise entre 6.000 et 8.000 francs n'est comptée que pour moitié (art. 1er — art. 23).

L'état de vos employés doit être remis en janvier de chaque année avec indication de tout ce qu'ils ont touché : appointements, indemnités de toute nature, gratifications. Sur cet état les remisiers ne doivent figurer que lorsqu'ils sont appointés et seulement pour le montant de leurs appointements, indemnités, gratifications, mais non pour le montant de leurs remises, lorsqu'ils sont « ducroire ».

Bénéfices de guerre.

Cette loi a cessé d'être applicable le 30 Juin 1920.

Actes de société.

Le droit d'enregistrement des actes des Sociétés n'a pas été modifié : il est toujours de 1 0/0.

Opérations de bourse.

L'impôt de Bourse est porté à 0,30 pour 1.000 francs et fractions et à 0,10 0/00 pour les reports. Il n'est pas changé pour les opérations sur les rentes françaises (art. 46).

Les bordereaux des clients devront, à l'avenir, faire ressortir distinctement le montant de l'impôt et le montant des courtages (art. 47).

Valeurs mobilières.

Le droit de timbre proportionnel sur les titres et certificats d'action est porté à 1 0/0 et 2 0/0 suivant que les sociétés ont une durée moindre ou supérieure à 10 ans et à 2 0/0 pour les obligations (art. 48).

Le droit annuel d'abonnement est porté à 0,10 0/0 (art. 48). Le droit annuel de transmission est porté à 0,50 0/0 (art. 49). Le droit de conversion au porteur des titres nominatifs est porté à 2 0/0 (art. 49). Le droit de transfert reste à 0,90.

La taxe sur le revenu des valeurs mobilières est porté à 10 0/0 pour les valeurs françaises et étrangères, et à 12 0/0 pour les valeurs étrangères non soumises à l'abonnement, ainsi que pour les titres de rentes, emprunts et autres effets publics des gouvernements étrangers (art. 50).

L'impôt sur les lots est porté à 20 0/0 (art. 50).

Revenu des dépôts.

L'impôt sur les intérêts, arrérages et autres produits des créances, dépôts et cautionnements est dû par le seul fait soit du paiement, soit de l'inscription au débit ou crédit du compte (art. 52) ; il est de 10 0/0.

Il ne s'agit pas des comptes courants, qui ne sont pas soumis à cet impôt.

Effets négociables.

Le montant du timbre proportionnel de 0,20 0/0 à apposer sur les effets négociables n'a pas été modifié.

Quittances.

Les articles 19 à 22 de la loi du 31 Décembre 1917 relatifs à la taxe sur les paiements sont abrogés. Désormais, toute quittance civile ou commerciale, constatant un paiement ou un versement de somme, devra être revêtue d'un timbre de 0 fr. 25 c. pour les sommes n'excédant pas 100 francs, de 0 fr. 50 c. pour les sommes de 100 à 1.000 francs, et de 1 franc pour les sommes supérieures à 1.000 francs. Les titres comportant reçu pur et simple, libération, décharge de titres, valeurs, objets, devront être timbrés à 0 fr. 25 c. (art. 55).

Les quittances en dessous de 10 francs sont toujours exemptes d'impôts.

Impôt sur le chiffre d'affaires.

Il n'est pas perçu sur les affaires assujetties à l'impôt sur les opérations de bourse des valeurs édicté par l'article 28 de la loi du 28 Avril 1893 (art. 60-5°), mais il est dû sur toutes les autres affaires qui n'acquittent pas l'impôt de bourse (art. 62-2°). Ainsi donc, pour toute opération faite sur le marché en banque et assujettie à l'impôt de bourse : pas de taxe sur le chiffre d'affaires. Au contraire, pour toutes autres opérations : opérations d'escompte, de placement de titres, de participations, etc.... vous aurez cette taxe à payer sur le montant des commissions, agios ou courtages encaissés. L'impôt est de 1,10 0/0 du chiffre d'affaires (art. 63). Le premier relevé devra être fait en Septembre 1920, il devra être fait ensuite chaque mois.

Pénalités.

Les pénalités sont rigoureuses : elles prévoient même un emprisonnement de un à cinq ans en cas de récidive (art. 112).

Registres du commerce.

Une loi du 18 Mars 1919, complétée par un décret du 15 Mars 1920, a prescrit la création d'un registre de commerce. Tout commerçant, toute société commerciale devra y être inscrit.

La loi est entrée en vigueur le 1er Juillet 1920 et l'inscription devrait être faite dans les six mois, c'est-à-dire avant le 1er Janvier 1921.

La Chambre Syndicale,

(25)

Paris, le 16 Septembre 1920.
N° 1720 *bis*

Messieurs et chers Confrères,

Journal Officiel du 3 Septembre 1920 vient de publier l'Instruction relative à l'application des articles 59 à 73 de la loi du 25 Juin 1920, établissant un impôt sur le chiffre des affaires. Cette Instruction fait suite au Règlement d'Administration publique paru à l'*Officiel* du 25 Juillet 1920. Nous vous avons fait distribuer un extrait du *Journal Officiel* contenant cette Instruction.

Il ressort de cette Instruction que :

Les affaires traitées sur nos marchés, tant à terme qu'au comptant, sont exonérées de la taxe sur le chiffre d'affaires lorsqu'il s'agit d'affaires réellement traitées sur le marché, inscrites au répertoire et acquittant l'impôt de Bourse : c'est-à-dire, les **achats et ventes au comptant et à terme**, les **opérations de report**, les **arrêtés en Bourse**, les **opérations d'arbitrage**.

L'exemption porte aussi bien sur le montant de l'affaire elle-même que sur le courtage perçu.

Ces affaires ne doivent donc pas figurer au relevé mensuel.

Mais cette exemption ne profite qu'à celui qui a réalisé pour le compte du donneur d'ordre l'opération assujettie à à l'impôt de Bourse et non pas à tous les autres intermédiaires, mandataires, substitués, etc. ; par suite, un Membre du Syndicat des Banquiers en Valeurs au Comptant, qui transmet un ordre à terme à un Membre du Syndicat des Banquiers en Valeurs à Terme n'est pas exonéré et doit payer l'impôt sur le montant de la remise qui lui est faite sur cette opération à terme.

Opérations par agents de change

C'est pour cette même raison que vous devez la taxe sur les **rétrocessions de courtage** que vous consentent les Agents de Change pour les opérations faites sur le marché officiel, ainsi que **sur toutes les commissions personnelles** que vous pouvez compter en plus à vos clients.

Placement de titres.

Toute opération de placement de titres, qui ne revêt pas les conditions d'une opération de Bourse, doit acquitter la taxe sur les commissions, rémunérations ou autres profits définitivement acquis.

Sont toutefois **exemptées les commissions qui vous sont allouées en vertu des lois ou des décrets**, par exemple la commission qui vous est donnée pour le placement du prochain Emprunt Français, des Bons et Obligations de la Défense Nationale, mais il faut que la commission résulte d'une loi ou d'un décret : si elle est consentie par arrêté ministériel, ou par arrêté préfectoral, l'exemption ne profite pas.

Coupons.

a) Dans le cas d'encaissement de coupons pur et simple pour un client, sans commission, il n'y a naturellement pas de déclaration.

b) Dans le cas d'encaissement de coupons pour un client, moyennant commission ou dans tout autre cas, la taxe porte sur le montant de la commission, agio ou profit réalisé.

Remisiers.

Les remisiers doivent payer 1,10 0/0 sur toutes les commissions qu'ils encaissent, à moins que ces commissions ne soient touchées que comme accessoires à leur qualité d'employés appointés. Ils doivent faire une déclaration et tenir un livre spécial.

Autres affaires.

Les intérêts qui vous sont dus pour avances sur titres, les intérêts des comptes débiteurs payés, les opérations de change, les opérations d'escompte pour la différence entre la valeur nominale de l'effet et la somme payée, sont également soumises à la taxe.

En résumé, et pour condenser toutes ces observations dans une formule simple, on peut donc dire :

Toute opération qui passe au répertoire et pour laquelle vous versez directement l'impôt de Bourse échappe à la taxe sur le chiffre d'affaires, toutes les autres y sont soumises.

Exigibilité de la taxe. — Affaires faites à l'étranger.

La taxe n'est due que lors de l'encaissement du prix de vente.

Elle est due sur les affaires faites en France, même par les étrangers, **mais elle n'est pas due sur les affaires faites à l'étranger, même par des Français.** Elle n'est pas due non plus sur les affaires faites en Algérie, ou dans nos colonies ou pays de protectorat, où l'impôt sur le chiffre d'affaires n'est pas applicable. Elle est due sur les affaires faites en Alsace-Lorraine.

Dès lors, les affaires consistant soit en des ventes, soit en des opérations de courtage, échappent à l'impôt dès qu'elles s'appliquent à des marchandises livrables à l'étranger ou dans nos colonies. Il semble en résulter que le placement de titres fait à l'étranger échappe à l'impôt.

Relevés mensuels.

Chaque mois vous devez remettre, 9, rue de la Banque, un relevé du montant des affaires soumises à la taxe. Vous pouvez toutefois être dispensé de le fournir mensuellement et être autorisé à ne le donner que semestriellement à condition :

1° D'en faire la demande à l'enregistrement ;

2° D'arrêter votre comptabilité tous les six mois ;

3° De payer, chaque mois, environ un acompte égal au septième de l'impôt exigible sur les relevés précédents.

La taxe est de 1,10 0/0, somme répartie à raison de 1 0/0 à l'État et à raison de 0,10 aux Communes. Aussi l'enregistrement vous demande de faire deux colonnes : dans l'une apparaîtra le 1 0/0 et dans l'autre le 0,10 0/0 et chaque colonne devra être totalisée séparément.

Comptabilité.

Il ressort de l'Instruction que « à l'égard de la plupart des commerces, les énonciations d'un livre de caisse, rapprochées de celles du Livre Journal que tout commerçant doit tenir, paraissent constituer un système de comptabilité suffisante pour dispenser le redevable de la tenue d'un livre spécial ».

Donc il ne sera pas nécessaire d'avoir un livre spécial.

Veuillez agréer, etc.

Pour la Chambre Syndicale des Banquiers en Valeurs au Comptant,

Le Président :
Edmond LYON,

Pour la Chambre Syndicale des Banquiers en Valeurs,

Le Président :
P. PAUREAU,

(26)

. Paris, le 5 Août 1920.
N° 1712

Messieurs et chers Confrères,

Le Règlement d'Administration publique établissant le mode de perception de la taxe sur le chiffre d'affaires a paru au *Journal Officiel* du 25 Juillet 1920.

Comme nous sommes tous inscrits au rôle de l'impôt sur les bénéfices commerciaux, nous n'avons pas de déclaration préalable à faire, mais nous devons adresser chaque mois, au bureau du Receveur des Contributions indirectes dont nous dépendons, un relevé des affaires du mois indiquant :

1° Le nom du bureau auquel ce relevé est adressé ;

2° Le mois qu'il concerne ;

3° Le nom, domicile, la désignation ou siège de la Société ;

4° La nature du commerce ou des affaires donnant ouverture à l'impôt ;

5° Le montant total des affaires effectuées dans le mois.

Ce relevé certifié, daté, signé.

Si, au cours du mois, il n'a été effectué aucune opération donnant ouverture à l'impôt, nous devons adresser un certificat négatif.

Le paiement de la totalité de l'impôt, qui est de 1,10 0/0, est fait au moment de la remise du relevé, soit en numéraire, soit au moyen d'un chèque postal, d'un mandat-poste, d'un mandat-carte, soit par chèque barré, à l'ordre du receveur et portant « Banque de France » entre les deux barres quand le montant dépasse 100 francs.

Le paiement n'est dû que lorsque les commissions, agios, escomptes, opérations diverses soumises à la taxe sont définitivement acquises.

A défaut de comptabilité régulière, on doit tenir un registre spécial jour par jour, sans blanc, ni rature, indiquant chacune des commissions, intérêts, agios ou autre profit donnant lieu à la taxe ainsi que la date et la désignation sommaire de l'affaire. On peut inscrire en bloc à la fin de la journée les opérations au comptant inférieures à 100 francs. Le montant de toutes ces opérations sera totalisé à la fin de chaque mois.

Les affaires qui sont résiliées ou annulées au cours du même mois sont portées pour mémoire. Si une affaire, pour laquelle on a payé l'impôt est ensuite résiliée ou annulée, on peut obtenir l'imputation de cet impôt en produisant un état spécial indiquant la nature de l'opération initiale, la date, l'adresse des personnes, la page du livre, et le montant de la somme impayée.

Si la restitution de l'impôt ne peut pas se faire par imputation, elle peut être accordée sur demande.

On doit conserver pendant trois ans à la disposition des contrôleurs, toutes pièces justificatives.

On inscrira sur un état spécial les affaires conclues avant le 1er Juillet 1920 et dont le paiement sera effectué après cette date. L'impôt n'en est pas dû, à condition de fournir toutes les justifications réclamées par l'administration.

Le premier relevé et le premier versement comprendront les affaires soumises à la taxe depuis le 1er Juillet 1920; il sera envoyé avant le 30 Septembre 1920, puis ce relevé devra ensuite être envoyé chaque mois comme il est dit ci-dessus.

Le redevable qui contreviendrait à la loi sera passible d'une amende fiscale minima de 1.000 francs.

La loi du 31 Juillet 1920 portant fixation du budget général de l'exercice 1920, dans son article 17 dispose que :

Lorsque le titulaire d'un titre nominatif a dû le convertir au porteur en vue de le vendre et qu'il a acquitté de ce chef le droit de 2 0/0 établi par l'article 49 de la loi du 25 Juin 1920, il pourra obtenir le remboursement de ce droit si, dans le délai d'un mois à compter de la conversion, il a employé le prix de la vente intégralement en valeurs mises au même nom et dont la conversion au porteur est assujettie au droit proportionnel. Ce remboursement pourra être effectué par la Société qui a opéré la conversion sur simple déclaration des Agents de Change ou Banquiers vendeurs et acquéreurs.

Veuillez, agréer, etc.

La Chambre Syndicale.

---

(27)

Paris, le 29 Octobre 1920.

MESSIEURS ET CHERS CONFRÈRES,

Vos Chambres Syndicales vous rappellent que la loi du 18 mars 1919, complétée par le Règlement d'Administration publique du 15 mars 1920 (*Journal Officiel* du 27 Mars 1920), ordonne la création d'un **Registre de Commerce** et oblige tout commerçant et toute Société à s'y faire inscrire. Cette inscription se fait au Tribunal de Commerce où des formules à remplir sont remises.

Vos Chambres Syndicales appellent toute votre attention sur l'importance de cette loi.

Dorénavant, tout commerçant qui s'installe, toute constitution de Société, puis, tout changement de la Société comportant une modification des énonciations portées au Registre lors de l'immatriculation, tout nantissement, toute vente du fonds de commerce, toute dissolution, en un mot : tout ce qui peut intéresser le crédit commercial d'une personne ou d'une Société doit être inscrit *dans le mois*.

Tout défaut d'inscription dans le délai d'un mois est puni d'une amende de 16 à 200 francs; toute indication inexacte, donnée de mauvaise foi, est punie d'une amende de 100 à 2.000 francs et peut être, en outre, punie d'un emprisonnement.

Toute personne a le droit de se faire délivrer par le greffier une copie sur timbre des inscriptions portées au registre : vous apercevez aussitôt les conséquences importantes de ce droit.

A titre transitoire, les inscriptions doivent être faites avant le **31 Décembre 1920**. Ensuite, toute inscription devra être faite dans le mois de l'événement qui le rend nécessaire.

Veuillez agréer, etc.

Pour la Chambre Syndicale des Banquiers en Valeurs au Comptant :	Pour la Chambre Syndicale des Banquiers en Valeurs :
Le Président, EDMOND LYON.	*Le Président,* P. PAUREAU.

(28)

DÉCISION DE LA CHAMBRE SYNDICALE
du 20 janvier 1920

Courtages sur les primes.

Au sujet d'une réclamation faite par un particulier, la question du courtage sur les primes est discutée.

L'opinion de la Chambre Syndicale est que le courtage est dû pour les primes comme sur les opérations fermes, sauf, toutefois, pour les primes pour le lendemain pour lesquelles la taxe d'engagement ne doit être perçue quand elles sont abandonnées et sur lesquelles le courtage n'est pas exigible.

---

(29)

Paris, le 26 Septembre 1922.
N° 1964.

MESSIEURS ET CHERS CONFRÈRES,

A la suite de réclamations faites par l'**ADMINISTRATION DU** *PETIT JOURNAL* qui vient de remettre entièrement à neuf la Salle qu'elle met à notre disposition, chaque mois, pour le pointage des titres et des capitaux, la Chambre Syndicale vous prie de bien vouloir recommander à vos Commis :

De ne rien coller sur les glaces ou sur les murs sous aucun prétexte, de ne rien accrocher au rideau, de ne pas salir les peintures remises à neuf.

Les indications des noms des Maisons devront être faites au moyen de cartons ou de chevalets portatifs qu'on posera sur les tables.

Au cas où des dégradations seraient commises, la Chambre Syndicale se verrait obligée de rendre les Maisons responsables.

Veuillez agréer, etc.

La Chambre Syndicale.

(30)

Paris, le 21 Février 1920.
N° 1629.

MESSIEURS ET CHERS CONFRÈRES,

Quelques-uns de nos Confrères s'étant plaints que le départ brusque et sans préavis de certains de leurs employés leur causait souvent un préjudice, la Chambre Syndicale rappelle aux Membres de la Corporation que l'article 48 du Règlement leur fait un devoir d'observer les règles d'une bonne confraternité et qu'en conséquence si un employé sort d'une maison du Syndicat, la maison dans laquelle il désire entrer, devra en aviser préalablement le confrère intéressé.

Tout manquement grave à ces prescriptions exposerait son auteur aux sanctions que prévoit l'article 7 des Statuts.

La Chambre Syndicale décide en outre que aucun membre du Syndicat ne devra à l'avenir prendre un employé venant d'une maison du Syndicat, s'il ne s'est pas écoulé au moins un mois depuis le jour où cet employé a prévenu son ancien patron de son intention de le quitter. Une forte amende sera prononcée contre tout membre du Syndicat qui n'observera pas ce délai.

Veuillez agréer, etc.

La Chambre Syndicale.

---

(31)

Paris, le 27 Avril 1921.
N° 1794.

MESSIEURS ET CHERS CONFRÈRES,

La Chambre Syndicale vous rappelle que, d'après notre Règlement, les Fondés de Pouvoirs de vos Maisons doivent remplir certaines conditions.

Vous devez donc remettre à la Chambre Syndicale les pièces justifiant que le futur Fondé de Pouvoirs remplit les conditions exigées (acte de naissance, extrait du casier judiciaire, livret militaire).

Des Fondés de Pouvoirs ayant été nommés avant que la Chambre Syndicale en ait été préalablement avisée, nous vous prions instamment, pour le bon ordre, de vouloir bien tenir compte des prescriptions ci-dessus.

En cas d'inobservation, la Chambre Syndicale se verra dans l'obligation d'appliquer des amendes.

Veuillez agréer, etc.

La Chambre Syndicale.

---

(32)

Paris, le 12 Mai 1922.

MESSIEURS ET CHERS CONFRÈRES,

L'attention de vos Chambres Syndicales a été attirée sur le cas où un de nos Confrères, seul gérant d'une Société ou n'ayant pas de Société, viendrait à décéder subitement : la Banque de France fermant immédiatement le compte, il peut en résulter pour tous des inconvénients graves, surtout au moment des opérations de la Liquidation.

Après des pourparlers avec la Banque de France, il a été convenu que les Chefs de Maisons pourraient donner des procurations valables même après leur mort et jusqu'au dixième jour du mois suivant le décès (c'est le temps que nous avons jugé suffisant pour effectuer les règlements de la Liquidation) et que, par conséquent, le compte resterait ouvert pendant tout ce temps, en observant les formalités suivantes :

Dans les Sociétés en commandite où il n'y a qu'un **seul Gérant,** on devra réunir les commanditaires et leur faire voter une modification aux Statuts ainsi libellée :

« Il est ajouté aux Statuts l'article suivant :

« Le Gérant aura la faculté, en constituant un mandataire, de stipuler que, même après son décès, les pouvoirs de ce mandataire seront valables jusqu'au dixième jour du mois qui suivra le le mois du décès ».

En outre, dans la procuration donnée au mandataire qui sera ainsi choisi, il sera inséré le paragraphe suivant :

« Il est expressément stipulé que, en cas de décès du mandant avant l'expiration desdits pouvoirs, cette procuration restera valable jusqu'au dixième jour du mois qui suivra le mois de son décès. »

Dans l'intérêt général, les Chambres Syndicales prient instamment ceux de nos confrères qui sont *Gérant « unique »* de modifier au plus tôt leurs Statuts et de donner une nouvelle procuration à celui de leurs Fondés de Pouvoirs qu'ils désigneront ; et à ceux de nos Confrères qui sont *seuls, sans Société*, de donner cette procuration à l'un de leurs Fondés de Pouvoirs.

Cette procuration pourra être donnée même à d'autres personnes, en dehors des Syndicats, si elles jouissent de toute la confiance du mandant.

Vos Chambres Syndicales vous prient de vouloir bien les aviser immédiatement du nom du ou des Fondés de Pouvoirs qui auront été désignés et de leur remettre une copie certifiée conforme de la procuration, ainsi qu'à la Banque de France.

M. Pechaud se tiendra à la disposition de ceux de nos Confrères qui auraient quelques explications à demander.

Veuillez agréer, etc.

Pour la Chambre Syndicale
des Banquiers en Valeurs au Comptant :
Le Président :
Edmond LYON.

Pour la Chambre Syndicale
des Banquiers en Valeurs :
Le Président :
P. PAUREAU.

P.-S. — Cette circulaire ne concerne que votre compte à la Banque de France.

---

(33)

Paris, le 23 Mars 1921.

Messieurs et chers Confrères,

Conformément aux votes que vous avez exprimés, à l'unanimité, aux Assemblées annuelles de nos Syndicats, tenues les 25 et 26 Janvier dernier, votes relatifs à la collaboration de nos Maisons à l'établissement de la retraite que désireraient s'assurer nos employés à la « Caisse Nationale des Retraites pour la Vieillesse », nous venons vous indiquer, par la présente, la façon de procéder.

Dispositions générales.

Tout employé majeur ayant deux années de présence, même avant sa majorité, dans l'une des Maisons des deux Syndicats, qui désire avoir un livret de la Caisse Nationale des Retraites pour la Vieillesse, devra en faire la demande à la Maison à laquelle il appartient.

S'il a déjà un livret et s'il désire participer à la combinaison votée, il en fera également la demande et remettra son livret.

S'il désire un second livret, il devra fournir les pièces indiquées ci-dessous.

Les livrets seront déposés dans les Caisses des Maisons des Syndicats, sauf pendant les opérations de versement à la Caisse des Dépôts et Consignations.

Tous les mois un versement de 25 francs sera inscrit, par les services de la Caisse des Dépôts et Consignations.

Ce versement mensuel sera fourni : moitié par une retenue sur les appointements de l'employé et moitié par la Maison, à titre de don. Si, à un moment donné, l'employé refuse de laisser opérer la retenue sur ses appointements, la Maison n'est pas obligée de faire la part du versement qui lui incombe.

Si l'employé désire faire en dehors de ces versements mensuels des versements volontaires, il pourra en charger la Maison ou, s'il préfère, son livret lui sera confié dans ce but.

Dans ce dernier cas, il aura à déposer son livret à nouveau lorsqu'il n'en aura plus besoin. La Maison n'est pas tenue à faire des versements supplémentaires.

Les titulaires de livrets pourront toujours avoir communication de leur livret, sur simple demande verbale, lorsqu'il sera dans les caisses de la Maison.

Lorsqu'un employé, titulaire d'un livret, quittera la Maison, son livret, avec les versements à jour, lui sera remis contre une décharge. S'il entre dans une autre Maison de l'un des deux Syndicats, la nouvelle Maison continuera les versements.

En cas de décès, le livret avec les versements à jour jusqu'au décès sera remis aux ayants droit contre décharge.

L'époque de l'entrée en jouissance est uniformément fixée à 55 ans.

Si un titulaire désire faire reporter la liquidation de sa rente au-delà de cet âge, la participation de la Maison sera alors facultative.

S'il survient un changement dans les qualités civiles ou dans la nationalité du déposant, il est tenu de le déclarer au premier versement qui suit. Il produit, en même temps, les justifications qui pourraient être nécessaires pour constater le changement survenu.

Demandes pour l'obtention des livrets.

En dehors de la demande adressée à la Maison, une demande devra être établie sur des imprimés que remet la Caisse des Dépôts et Consignations et que les Maisons des deux Syndicats trouveront au siège du Syndicat des Banquiers en Valeurs, 3, rue Rossini.

Ces imprimés peuvent être remplis soit par la Maison, soit par l'intéressé, mais non signés. Ils seront établis tous les mois (formule déclaration de versement « *Recto* »).

Ils devront :

1º Indiquer les noms, prénoms, qualité civile, nationalité, âge, profession et domicile;

2º Pour le premier versement, être accompagnés de l'acte de naissance de l'employé ou, à défaut, d'un acte de notoriété qui en tienne lieu. — Ces actes sont délivrés gratuitement par le Juge de Paix et dispensés des droits de timbre et d'enregistrement, avec mention de l'usage auquel ils sont destinés. Des formules sont aussi à la disposition des Maisons, 3, rue Rossini;

3º Déclarer si le futur titulaire entend faire abandon du capital versé ou s'il veut que ce capital soit remboursé lors de son décès à ses ayants droit; — — — — — —

4º Fixer la date de l'entrée en jouissance qui est, dans le cas actuel, de 55 ans, comme il est indiqué ci-dessus.

Ces feuilles spéciales et les pièces justificatives sont réunies à la Caisse des Dépôts et Consignations et y restent déposées. Elles servent à l'établissement du registre matricule de tous les déposants contenant le compte de chacun d'eux et à l'ouverture du livret.

Le livret est délivré gratuitement : il contient, en dehors des renseignements de la feuille spéciale, des indications pratiques sur le fonctionnement de la Caisse Nationale des Retraites pour la Vieillesse et sur les avantages offerts par l'institution.

Le livret est établi et le montant du premier versement est inscrit dans les bureaux de la Caisse des Dépôts et Consignations, après examen des pièces produites pour en constater la validité.

Versements.

Le 10 de chaque mois ou, si ce jour est férié, le premier jour de Bourse qui suivra, chaque Maison des deux Syndicats devra verser *3, rue Rossini*, le montant de 25 francs par livret en un virement sur la Banque à l'ordre du « Syndicat des Banquiers en Valeurs », en remettant à l'appui les livrets à faire créditer et les bulletins de versement établis comme indiqués ci-dessus (un par livret) — *pour le premier versement, on exige deux bulletins de versement par déposant.*

Les livrets seront rendus aux Maisons qui seront prévenues de les faire retirer dès que les opérations à la Caisse des Dépôts et Consignations, qui seront faites par les soins du Syndicat, seront terminées.

Une date fixe pour ce retrait sera indiquée ultérieurement.

Le premier dépôt, qui sera fait le 11 Avril prochain, devra donc se composer, pour chaque Maison :

1º Du virement comprenant les versements et dons au 31 Mars (soit 25 francs par employé adhérent à la Caisse Nationale des Retraites pour la Vieillesse) ;

2º D'une copie de l'acte de naissance et de deux bulletins de versement (remplis « au recto » et non signés) pour chaque adhérent ou pour chaque adhérent ancien désirant un second livret ;

3º Du livret en cours et du bulletin de versement (rempli « au recto » et non signé) pour ceux qui ont un livret et n'en désirent pas un second.

Chaque adhérent peut posséder plusieurs livrets à la condition que lors de la liquidation de la retraite la somme de rente acquise ne dépasse pas le maximum fixé par la loi (6.000 actuellement).

Liquidation de la retraite.

Pour cette opération, il y aura lieu de se conformer aux prescriptions contenues à ce sujet dans le livret.

Veuillez agréer, etc.

<table>
<tr><td>Pour la Chambre Syndicale
des Banquiers en Valeurs au Comptant,

Le Président,
Edmond LYON.</td><td>Pour la Chambre Syndicale
des Banquiers en Valeurs,

Le Président,
P. PAUREAU.</td></tr>
</table>

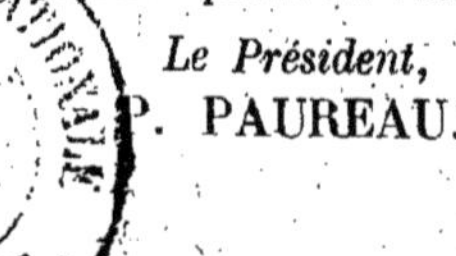